LA FRANCE

ET

L'ALLEMAGNE

AU

PRINTEMPS PROCHAIN

PARIS

AUGUSTE GHIO, ÉDITEUR

PALAIS-ROYAL, 28, GALERIE D'ORLÉANS

—

1876

LA FRANCE

ET

L'ALLEMAGNE

AU

PRINTEMPS PROCHAIN

PARIS

AUGUSTE GHIO, ÉDITEUR

PALAIS-ROYAL, 28, GALERIE D'ORLÉANS

—

1876

Tous droits réservés.

LA FRANCE

ET

L'ALLEMAGNE

AU

PRINTEMPS PROCHAIN

Quels peuvent être les événements que le printemps prochain nous réserve. Quelle issue faut-il prévoir à la lutte déclarée entre les intérêts de diverses puissances européennes en Orient? L'auteur de cette courte étude n'a pas la prétention de pénétrer les secrets de l'avenir, même le plus rapproché ; ce serait déjà beaucoup qu'il eût réussi à mettre en lumière, et dans leurs justes rapports, les éléments d'une appréciation saine de ce qui appartient au présent. Le public français, plus qu'aucun autre, a besoin d'être renseigné sur les incertitudes de la situation où l'Europe peut se trouver engagée. Habitués à considérer le monde commme un appendice de la France, qui n'est elle-même, à leurs yeux, qu'un appendice de sa capitale, trop de nos compatriotes semblent disposés à ne s'occuper, pendant deux mois, que de la lutte électorale qui va s'ouvrir. Qu'importe le reste, qu'importent l'Europe, l'Orient et l'Allemagne à un homme de parti qui ne pense qu'à triompher de ses adversaires politiques, en se flattant que ce sera pour le plus grand bien de son pays ?

La vérité est cependant que les destinées de la France ne sont plus entières entre nos mains. Ces destinées aujourd'hui dépendent, pour beaucoup, de volontés extérieures et de faits qui se passent sur un théâtre éloigné. Au malheur de ne pouvoir changer le cours de ces faits il ne faudrait pas ajouter la faute de les ignorer. Les peuples, comme les individus, sont moins souvent ruinés par les coups de la mauvaise fortune, qu'ils ne se perdent eux-mêmes par le trouble où la mauvaise fortune jette ceux qui n'ont pas su la prévoir.

Comme cette brochure n'est pas destinée à un public spécial, on ne s'étonnera pas que les intérêts du moment y soient traités sans plus de réticences que si les questions à élucider étaient vieilles de dix ans.

On peut admettre que le prince de Bismark, en signant la paix de Francfort, pensa avoir accompli un acte durable. La France, à ses yeux, devait se trouver assez gravement atteinte pour être hors d'état, de longtemps, de troubler l'œuvre d'organisation intérieure du nouvel empire. La forme républicaine, chez nous, lui paraissait répondre le mieux aux intérêts de l'Allemagne. Son maintien excluait l'éventualité d'une revanche prochaine que toute restauration monarchique eût rendue inévitable. D'ailleurs, le partage à peu près égal de nos classes dirigeantes entre la république et la monarchie semblait promettre à la France de longs déchirements intérieurs, à l'Allemagne une longue ère de sécurité.

Comment l'esprit du prince de Bismark est-il passé de cette disposition, peu bienveillante assurément, mais pacifique, à l'humeur toute contraire qui s'est manifestée par les incidents du printemps dernier? L'évolution politique accomplie à Versailles, le 24 mai 1873, en vertu d'un mot d'ordre soi-disant conservateur, en réalité, pour l'étranger, dans un sens clérical, a dû être une des causes déterminantes, sinon la cause principale de ce revirement. A mesure que la Prusse redoublait ses coups contre l'ultramontanisme, il a semblé, en effet, que la France, surtout la France représentée par les pouvoirs publics, redoublait d'empressement auprès des serviteurs du Vatican. L'indifférence notoire des classes dirigeantes françaises en matière de religion n'était pas de nature à atténuer la portée de ce symptôme : l'histoire ne nous enseigne-t-elle pas, en effet, que l'influence ultramontaine se développe mieux au sein d'une société sceptique que dans un monde croyant. On conçoit aisément que les Prussiens qui ont chez eux en pleine monarchie de droit divin, et même en partie dans celles de leurs provinces où subsiste une demi-féodalité, la jouissance d'institutions qui dépassent de beaucoup le programme des radicaux français : instruction obligatoire, liberté communale, divorce, impôt sur le revenu dans l'Etat, impôt sur le revenu au lieu de l'octroi dans les communes, etc.; on s'explique facilement, dis-je, que les Prussiens ne prennent pas à la lettre le langage des soi-disant conservateurs français. Quand ces derniers parlent de leur désir de conserver la société,— une société qui est en péril justement faute des réformes dont l'ignorance publique leur permet de faire un épouvantail, — on les laisse dire, mais on pense qu'ils veulent tout simplement conserver la jouissance des biens qu'assure la possession du pouvoir. Et cette conservation d'un genre particulier n'est possible qu'avec l'appui de la hiérarchie ultramontaine. C'est là l'explication du grave malentendu que l'on a vu surgir entre Versailles, se déclarant simplement conservateur, et Berlin s'obstinant à traduire le mot par clérical. De là aussi ce reproche, adressé aux Français, de gêner intentionnellement au dehors, par leurs pratiques intérieures, les premiers essais d'une influence politique et philosophique que les Allemands croyaient avoir achetée assez chèrement au prix de leurs sanglantes victoires. — Si la France, à peine remise de ses blessures les moins profondes, veut déjà faire échec à la Prusse sur le terrain religieux, à quoi ne prétendrat-elle pas le jour où elle disposera d'une bonne armée? — Voilà ce que l'on entendait dire en Allemagne. Le prince de Bismark dut se tenir à lui-même ce langage, et il arriva très volontiers, sans doute, à cette conviction que notre pays, galvanisé par les excitations d'ultramontains déguisés en patriotes, pourrait faire plus qu'entraver le développement de la « pensée allemande » en Europe, et qu'il menacerait un jour l'existence même de l'empire, pour servir, *volens, nolens*, les desseins de la curie romaine.

Le chef du grand état-major, de son côté, n'avait pas envisagé sans inquiétude, pour l'avenir, la largeur des bases sur lesquelles on tentait d'asseoir notre organisation militaire. Placés à des points de vue différents, les deux tuteurs de la nouvelle Allemagne, chancelier et feld-maréchal, demeurèrent d'accord sur la nécessité de ne pas attendre l'heure de la France et de prendre les devants, puisque la reprise de la lutte pouvait devenir inévitable.

Mais à ces raisons accidentelles, tirées de la politique intérieure de la France et auxquelles une évolution heureuse de cette politique peut enlever toute valeur, s'en ajoutent d'autres fondamentales, que l'on avoue moins, car elles tiennent à la situation même de l'empire allemand entre deux puissances militaires, comme la France et la Russie. Ne pouvant compter sur les sympathies durables de la Russie, ne croyant pas à l'immobilité indéfinie de la France, l'Allemagne redoute que ces deux puissances ne viennent, tôt ou tard, à exercer une pression simultanée contre le Rhin et contre la Vistule. Toute sa politique doit tendre à prévenir ce danger pendant qu'elle se sent encore la plus forte. Précisément aujourd'hui la question est de savoir si, dans ce but, il lui paraîtra suffisant que l'influence russe, en Orient, soit mise en échec par une extension de l'influence autrichienne, ou bien si la France, restant l'objectif principal, est exposée à se voir inquiétée dans l'isolement qu'entraînerait fatalement pour elle une aggravation du conflit oriental.

Mais tout d'abord, est-il vrai, dira-t-on, que l'Allemagne, au printemps de cette année, ait eu des projets de guerre contre nous ? Cette question semble capitale pour peu que l'on accorde l'esprit de suite aux hommes d'Etat prussiens. La seule manière d'y répondre est de laisser parler les faits.

On va donc lire un résumé succinct des faits ou indices que la presse européenne avait relevés durant le printemps de 1875 :

« Au mois de janvier 1875, un diplomate prussien, M. de Radowitz, est envoyé à Saint-Pétersbourg, en mission extraordinaire. Il porte, dit-on, au cabinet russe, des propositions relatives à la question d'Orient et à la question française. A son retour, le bruit tranpire que ses offres n'ont pas été acceptées. — A l'occasion du 22 mars, fête de l'empereur Guillaume, les ambassadeurs allemands sont convoqués à Berlin : de Londres, de Vienne et de Paris ; de même les attachés militaires dans les grandes capitales et les deux maréchaux von Steinmetz et Herwarth von Bittenfeld. L'empereur est souffrant, il n'y a pas de fêtes à la cour, mais en ville des dîners et des conciliabules militaires. — Il résulte d'indiscrétions commises par des journaux étrangers que l'on se prépare activement, de toutes façons, à une entrée en campagne ; une maison d'imprimerie de Berlin vient de livrer au ministère de la guerre plusieurs centaines de mille cartes de France destinées aux soldats ; une accumulation insolite de matériel roulant est signalée dans diverses gares importantes, entre autres, celles de Francfort et de Strasbourg. On dit que les jeunes gens désignés pour renforcer le personnel des bureaux de la landwehr, en cas de mobilisation, ont été avertis d'avoir à se tenir prêts. — D'autre part, le nouveau matériel d'artillerie de campagne est distribué à toutes les brigades d'artillerie, et toute l'infanterie est armée du fusil Mauser. — Le décret impérial, interdisant l'exportation des chevaux hors des frontières allemandes, a été rendu à la date du 4 mars. » (1.)

Il est juste de reconnaître que, de ces détails, les uns échappaient au contrôle, les autres, isolés, ne prouvaient rien. Toutefois, leur signification ne tarda pas à être accentuée par le langage de la presse officieuse et nationale-libérale.

« La *Gazette nationale* de Berlin pousse le premier cri d'alarme, dans son feuilleton militaire du 24 mars. La loi des cadres, votée à Versailles le 12 mars, y est présentée comme une mesure qui menace l'Allemagne d'une agression à courte échéance. Puis paraissent les articles de la *Post (La guerre est-elle en vue?)*, de la *Gazette de Cologne*, etc., où sont dénoncés les prétendus projets belliqueux de la France et exposée la nécessité, pour l'Allemagne, de les déjouer par une offensive rapide. De petites feuilles, moins tenues à la réserve, déclarent, sans s'attirer un démenti, que c'est là l'opinion dominante dans les plus hautes régions militaires. La *Gazette de l'Allemagne du Nord*, organe officieux de la chancellerie, publie sa fameuse et ridicule revue de la presse française, destinée à prouver que les journaux de Paris et des départements ne laissent pas passer un jour, depuis quatre ans, sans attiser la haine de leurs lecteurs contre l'Allemagne et prêcher les idées de revanche. La théorie de l'offensive-défensive est soutenue, avec une brutale et cynique candeur, par tout ce qu'il y a d'écrivains en Allemagne,

---

(1) Cette mesure de salut public, qui a soulevé les réclamations unanimes des agriculteurs et des éleveurs, et qui ne se justifie que par des considérations purement militaires, n'a pas encore été rapportée à l'heure qu'il est.

sauf les ultramontains, les socialistes et les progres-
sistes. Pour ces derniers surtout, le mérite n'est pas
mince à se préserver de la contagion furieuse qui sévit.

» Quant à l'empereur Guillaume, il passe pour n'être
pas tenu exactement au courant de ce qui se fait. Personne ne doute qu'il ne désire sincèrement le maintien de la paix, mais on se rappelle qu'en 1866, la situation fut habilement engagée, à son insu, et
qu'il ne lui resta plus, en fin de compte, qu'à accepter
la guerre comme une inexorable fatalité. Enfin, heu-
reusement, l'empereur Alexandre arrive à Berlin dans
la matinée du 10 mai. Il obtient sans peine, en faveur
de la paix, la parole de son oncle, l'empereur d'Allemagne; et le soir du même jour, l'officieuse *Gazette
de l'Allemagne du Nord* s'inflige à elle-même, dans
un article ultra-pacifique, ainsi qu'à toutes ses collè-
gues, le plus éclatant démenti. » Les esprits les plus
crédules n'ont jamais pu admettre que ce long dé-
chaînement de la presse allemande, durant six semai-
nes, accompagné surtout des indices d'un autre ordre
dont il a été question, et ne prenant fin qu'à l'entrée
du czar dans Berlin, ait été uniquement le fruit d'une
ardeur indiscrète de la part des journalistes d'outre-
Rhin. Soutenir une telle opinion, ce serait vraiment
faire trop bon marché de l'intelligence ou du patrio-
tisme d'écrivains éclairés et honorables.

Des personnes bien informées racontèrent alors que
le comte de Moltke, dans un entretien qu'il eut avec le
czar, ne voulut rien céder de son parti-pris belliqueux. Différer la guerre n'était pas la conjurer et
n'aurait pour effet, selon lui, que de la rendre un
jour plus difficile à soutenir pour l'Allemagne Peu
après le départ du czar, le prince de Bismark, for-

tement indisposé, se retirait dans son domaine de Varzin, pour y rester jusqu'à l'automne.

Pour compléter cet aperçu rétrospectif, il faut dire que bien avant le mois de mai, on s'entretenait, à Berlin, dans des cercles taxés alors de pessimisme, de la probabilité d'une insurrection dans les provinces turques voisines de l'Autriche. Après le 10 mai, l'événement parut inévitable, pour des raisons que la suite de cette étude fera deviner. Cette circonstance peut réduire sensiblement la part de collaboration du hasard dans les événements dont le bassin du bas Danube est le théâtre.

Et nous n'oserions guère contredire après cela le lecteur, s'il prétendait découvrir une corrélation entre la politique de l'Allemagne, trop claire jusqu'au 10 mai, et les obscurités de la situation présente en Orient.

Si les trois cours du Nord avaient été d'accord, dès l'origine, sur la nécessité d'étouffer l'insurrection de l'Herzégovine, on comprend difficilement que cette tâche eût été au-dessus de leurs forces. Les insurgés, au début, n'ont vécu que de tolérance, d'espoir et de publicité. On peut dire que la politique de l'Autriche-Hongrie a été particulièrement malheureuse, alors que c'est l'apaisement qu'elle poursuivait. Rien ne prouve, en effet, que l'attitude plus que ferme du comte Andrassy vis-à-vis de la Porte, dans diverses circonstances, par exemple dans l'affaire des traités de commerce avec la Roumanie, n'ait pas été interprétée par les futurs insurgés dans le sens d'un encouragement. Quant au voyage de l'empereur

François-Joseph en Dalmatie, après que l'insurrection eût éclaté, il est hors de doute que les insurgés ont cru y voir la preuve que l'Autriche-Hongrie était disposée à protéger les populations chrétiennes soumises à la Turquie. Il est vrai qu'une fois ce résultat moral obtenu, et sans qu'elle l'eût désiré, certainement, la politique autrichienne fit volte-face. Loin de continuer à encourager, comme elle en avait eu l'apparence, les illusions des insurgés, elle sembla disposée à intervenir militairement sur leur territoire. Le trait commun et caractéristique de ces deux manières d'agir, contradictoires seulement en ce qui regarde l'insurrection, c'est d'être également désagréables à la Russie, et contraires aux intérèts fondamentaux de l'Autriche-Hongrie elle-même.

Il est à noter que cette tendance remarquable, du cabinet austro-hongrois à prendre sous sa tutelle les populations slaves révoltées contre la Turquie, est absolument conforme aux idées qui ont cours en Allemagne. L'Allemagne, en effet, qui a tort d'afficher un désintéressement invraisemblable dans la question d'Orient, ne pourrait voir qu'avec plaisir l'influence russe mise en échec sur le bas Danube. Pour l'Autriche-Hongrie, on se demande ce qu'elle gagnerait à étendre son influence du côté de l'Est. Les Magyares se verraient bientôt noyés dans l'élément slave, qui déjà menace de les absorber, et les Allemands d'Autriche auraient moins de force pour résister à l'attraction qu'exerce sur eux l'empire congénère du Nord. Cette politique austro-hongroise, à la fois indécise et agissante, ressemble donc à s'y méprendre à une politique allemande quant au but; et il n'était pas besoin du récent article de la

Correspondance provinciale de Berlin, sur le comte Schmerling, pour rappeler brutalement à l'Autriche-Hongrie qu'elle n'est plus libre de ses mouvements.

En face de cette politique qui vient d'être désignée par sa pointe tournée vers l'Est, se trouve la politique russe, dont il serait injuste de méconnaître le caractère pacifique ou purement défensif. Pour rendre justice à la modération de la Russie, il n'est pas nécessaire de partager sans réserve l'enthousiasme un peu aveugle qu'il est de mode aujourd'hui, dans notre Occident, de professer pour ce vaste rudiment d'empire semi-asiatique, semi-européen. Un intérêt de circonstance rapproche la politique russe et la politique française, obligées l'une et l'autre de se tenir en garde contre un voisin commun trop puissant. Les sympathies de races, que l'on invoque sans cesse, n'ont rien à voir en cette affaire. Les Russes se soucieraient assez peu de nous s'ils ne nous considéraient comme une sentinelle inquiète placée sur les derrières de cet empire allemand qu'ils ont laissé faire. Et nous, Français, qui faisons profession de garder les intérêts de la civilisation, quel inexplicable engouement ferait de nous les amis des Russes, s'ils ne représentaient une force appelée un jour peut-être à détourner une partie des périls que nous appréhendons? Il faut bien se dire que des trois races qui se disputent aujourd'hui l'Europe, deux seulement, la race latine et la race germanique sont acquises sûrement à la civilisation. Les Slaves manquent de culture artistique, de philosophie, peut-être même encore d'une morale sûre. Si quelque alliance des Slaves avec les Latins pouvait aboutir à l'anéantissement de l'Allemagne : arriérés comme sont les Slaves, très avancés comme nous le sommes, ce serait la ruine de la civilisation en Europe. Quelque dure que nous paraisse l'arrogance des Allemands, ce défaut, qui s'explique chez eux par le besoin de réagir contre les humiliations d'une trop longue servitude, ne saurait nous faire oublier les qualités solides et profondes de cette race, avec laquelle, depuis des siècles, nous échangeons, soit dans les livres, soit, plus souvent, sur les champs de bataille, le mot d'ordre de la civilisation. Il est vrai que le danger aujourd'hui n'est guère que cette nation disparaisse.

La Russie poursuit donc une politique mesurée et pacifique ; et il lui est interdit par sa situation de souhaiter, plus que nous ne le pouvons nous-mêmes, une modification violente du *statu quo*. Sa constitution sociale incertaine, son armée en voie d'organisation, l'état encore irrégulier de ses finances, l'insuffisance et l'imperfection de son outillage national ne se prêtent pas aux entreprises qui mettent à l'épreuve la force des Etats. Plutôt que ces raisons d'impuissance formelle, les Russes ont coutume d'en faire valoir certaines autres qui ont aussi leur poids. La Russie, disent-ils, n'a pas pour le moment et, aussi loin que s'étendent les prévisions humaines, elle n'aura jamais intérêt à s'établir sur le Bosphore. L'équilibre de l'empire serait plutôt rompu qu'affermi par la possession de Constantinople ; ses traditions et ses vues d'avenir en subiraient une déviation funeste. La Russie, par là, renoncerait à la première condition de sa grandeur, qui est de rester un empire du Nord. Que seulement

le passage des Dardanelles demeure libre; que les clefs
surtout, en soient remises aux mains d'un Etat inter-
médiaire, relativement faible, placé, si l'on veut, sous
le protectorat ou subissant l'influence de la Russie,
et celle-ci est assurée d'une jouissance suffisante de la
Méditerranée, sans avoir à immobiliser, en pure perte,
une portion de ses forces loin du vaste champ d'acti-
vité qui s'ouvre à elle du côté de l'Asie centrale.

Tout cela cadre bien avec la sagesse et la hauteur
des vues que l'on se plaît à reconnaître à l'empereur
Alexandre. Cela permet d'expliquer, sans peine, les
démarches réitérées et pressantes du général Ignatieff
auprès du sultan, en vue d'accélérer, soit par les voies
amiables, soit par la force, la pacification de l'Herzégovine, et les fermes avis qui ont permis ensuite
au prince Milan de résister à certains courants qui me-
naçaient de pousser la Serbie dans l'insurrection. Mais
la modération de la Russie ne va pas, sans doute,
jusqu'à l'abnégation; car un déplacement de l'influence
austro-hongroise, du côté de l'Orient, n'aurait pas
seulement pour résultat de réduire en surface la zone
d'action de la Russie : il entraînerait encore d'une manière inévitable la constitution de groupes politiques
désavantageux pour elle. C'est là le point précisément
où se manifeste l'antagonisme entre les intérêts de
deux grandes puissances : l'Autriche-Hongrie, d'un
côté, que l'Allemagne pousse vers l'Est; de l'autre
côté, la Russie qui se refuse à laisser exploiter contre
elle-même les conséquences des événements de 1866
et de 1870.

En somme, la question grave qui se pose aujour-
d'hui, est de savoir si l'Autriche-Hongrie, au point où
on en a laissé venir les choses, pourra se dispen-

ser d'intervenir sur le territoire insurgé. Quand il s'est agi déjà d'une intervention militaire, c'eût été certainement contre les insurgés; il se peut aujourd'hui que ce soit contre les Turcs qu'il faille intervenir. En tout cas, cet acte décisif, s'il se produit, n'aura rien de fortuit, puisque l'idée en aura précédé les circonstances qui serviront finalement à le justifier. Ces circonstances, trop faciles à prévoir, maintenant, peuvent naître de l'impossibilité où sera le gouvernement turc d'appliquer efficacement les réformes que les puissances lui auront imposées sous leur garantie.

On sait que les cabinets de Saint-Pétersbourg et de Berlin ont accepté de la main du comte Andrassy, qui vient de le présenter aussi à l'adhésion des puissances occidentales, signataires du traité de Paris, un plan de réformes dont l'application consciencieuse pourrait mettre fin à l'insurrection. La Sublime-Porte, de son côté, désireuse d'échapper à cette immixtion des puissances dans ce qu'elle regarde comme ses affaires intérieures, s'était hâtée de promulguer un firman impérial destiné, dans l'intention de son auteur, à rendre superflu le plan de réformes arrêté par les puissances. Mais le document publié sous la signature du sultan ne renferme que des affirmations de principes, des règles générales de gouvernement, des promesses, comme en contenaient d'autres actes antérieurs du même genre, demeurés sans effets. Les insurgés font acte de vulgaire prudence en refusant de déposer les armes quand nulle garantie spéciale ne leur est donnée, non-seulement au point de vue des droits qu'ils revendiquent, mais au point de vue même de leur simple sécurité personnelle. Les puissances se trouvent ainsi obligées d'insister auprès de la Sublime-Porte pour que celle-ci accepte et le projet de réformes qu'elles ont élaboré ou approuvé et leur garantie pour son exécution.

Il faut admettre que la Turquie se reconnaîtra impuissante à repousser ces conditions : bien que l'on puisse s'attendre à tout de l'obstination fataliste d'une race qui se sent perdue en Europe, d'une manière comme de l'autre. Mais la garantie des puissances fût-elle acceptée à Constantinople, en quoi les choses seraient-elles plus avancées pour la paix; et que deviendront les réformes, que signifiera la garantie des puissances si elle ne se traduit en fin de compte par une intervention militaire ? D'abord, les insurgés ne déposeront pas les armes, ou bien ils seront obligés bientôt de les reprendre, car ils savent, et personne n'ignore, que l'application des réformes est une tâche au-dessus des forces du gouvernement ottoman, quelque bonnes que puissent être les intentions de ses agents supérieurs. La population musulmane dans les provinces insurgées est égale en nombre à la population chrétienne; elle lui est supérieure, en richesse, en instruction, en influence; et c'est là une circonstance de nature à faire échouer toute tentative de réforme qui ne sera pas appuyée par une intervention militaire. Mais cette intervention presque inévitable, qui donc pourra s'en charger ? Supposer que l'Autriche-Hongrie et la Russie doivent intervenir, d'accord, c'est admettre que la question d'Orient n'existe pas. Et si l'Autriche-Hongrie intervient seule, c'est la Russie mécontente et lésée dans le droit qu'elle revendique de veiller sur le sort des Slaves chrétiens en Turquie.

Or, le mécontement de la Russie ne serait pas un sentiment condamné autant qu'on le croit à se tenir dans les manifestations platoniques. La diplomatie russe, qui a su naguère retenir la Serbie prête à se jeter dans l'insurrection, a su aussi, depuis peu, cimenter par prudence une union étroite entre la Serbie et le Montenegro, et procurer à cette dernière principauté les moyens de contracter un emprunt. L'occupation de la Bosnie et de l'Herzégovine, par des forces autrichiennes, entraînerait peut-être un contre-mouvement serbe fatal à la Hongrie. Il n'y a pas inconvénient à signaler ces dangers; on ne les supprimerait pas par le silence, et, d'ailleurs, on se sent moins alarmé quand on voit comment la paix peut résulter de l'équilibre des éléments qui se menacent de part et d'autre.

De cet exposé sommaire, incomplet et, Dieu le veuille, un peu pessimiste de la situation, il ressort que l'Allemagne, abritée derrière la formule à toutes fins, qui s'appelle l'alliance illusoire des trois empereurs, demeure l'arbitre véritable de la paix et de la guerre. Le prince de Bismark aurait le droit de dire, s'il y avait intérêt, qu'il ne se tire pas aujourd'hui en Orient et qu'il ne se tirera pas en Europe un coup de canon sans sa permission. Une réserve tardivement affichée, les affectations de désintéressement n'y font rien : quand on est le plus puissant en Europe, il faut s'attendre à être fait responsable, par les contemporains d'abord, puis par l'histoire, de tout ce qui arrive de bien ou de mal; il faut se tenir prêt à endosser même les responsabilités, s'il en est, qui appartiennent au hasard. Parmi les grandes puissances qui ont été passées successivement en revue, en voit-on, en effet, une seule qui puisse tenter de faire échec directement à la politique allemande ? Et l'Angleterre, qui a été omise à dessein plutôt qu'oubliée dans notre discussion, pourrait-elle se mettre au travers des projets de l'Allemagne ?

Il est superflu d'examiner ce que l'Angleterre pourrait ; il suffit de savoir ce que comporte de largeur de vues et de décision le tempérament de ses hommes d'Etat. Or, libéraux ou conservateurs, les ministres anglais n'ont qu'une manière de voir sur les affaires du continent : c'est qu'elles ne sont plus que d'un intérêt secondaire pour leur pays. Les Anglais d'aujourd'hui ne cherchent plus leur équilibre sur le Danube ou sur la mer Noire, mais dans l'Inde ; ils se soucient moins d'Anvers, de la Hollande et du Danemark que de l'isthme de Suez. L'immobilisme pratique de lord Derby se plie avec sérénité aux hardiesses mercantiles de M. Disraéli ; et ces deux lettrés s'entendent parfaitement, malgré la différence de leur caractère et de leurs origines, comme il convient entre bons Anglais de la fin du dix-neuvième siècle. On sait que, l'Angleterre a eu soin de se désintéresser à l'avance de tout ce qui peut survenir en Europe. Elle n'interviendra dans les questions que négativement et par son mauvais vouloir. Pacifique par humanité ou par un sentiment d'égoïsme, elle proclame sa foi dans la paix. Et si, en prévision d'éventualités, elle croit sage de réorganiser à la hâte son armée, c'est moins pour soutenir en

Europe une cause qu'elle vient de déserter avec éclat tout à l'heure, que pour monter avec profit la garde sur les rives du canal égyptien, sa dernière emplette — Si la question d'Orient s'allume, il pourra donc arriver, au printemps, que l'Allemagne se trouve libre en face de la France. Et alors, que plaira-t-il à l'Allemagne de faire?

Si, comme on l'a cru au printemps dernier, — et pour les raisons qu'il était indispensable de remettre, en commençant, sous les yeux du lecteur, — si l'Allemagne a nourri, en effet, des intentions belliqueuses contre nous, la situation s'est-elle assez modifiée, depuis neuf mois, pour qu'elles aient fait place à des sentiments plus pacifiques?

Les considérations purement militaires, toutes réserves faites sur leur moralité, ne semblent pas avoir perdu beaucoup de leur valeur. L'Allemagne est encore, aujourd'hui, la seule puissance de premier ordre, qui puisse se vanter d'avoir une armée véritable, c'est à-dire une armée tenant les promesses de son effectif. Mais cet avantage relatif doit diminuer avec chaque année qui s'écoule, et il arrivera que, dans trois, quatre, cinq ans, les Allemands seraient unanimes à condamner, non comme immorale, il n'était guère question de moralité au printemps, mais comme inopportune, la théorie de l'offensive; car pour attaquer, à moins d'être fou, et les Prussiens ne le sont pas, il faut être sûr de vaincre.

Quant aux raisons d'ordre politique, qui agissent plus spécialement sur l'esprit du prince de

Bismark, elles ne sont plus les mêmes qu'au mois de mars dernier. Alors la lutte religieuse était ardente; on pouvait redouter, en Prusse, les conséquences d'un triomphe probable des ultramontains aux élections bavaroises. Aujourd'hui la lassitude du clergé et des fidèles catholiques a produit, dans les provinces prussiennes, un sensible apaisement des passions religieuses; et si les ultramontains bavarois ont triomphé aux élections, bien que seulement de deux voix, la fermeté prudente du roi Louis s'est opposée à ce qu'ils pussent renverser le ministère. On se rappelle que l'ouverture du Reichstag allemand a eu lieu au lendemain de cet acte, agréable à la Prusse; et que le discours du Trône, lu au nom de l'Empereur, renferma des assurances pacifiques qu'on y eût peut-être cherchées en vain si les affaires bavaroises eussent pris une autre tournure.

La situation économique surtout s'est modifiée, et dans le sens du pire. Le renchérissement des objets de consommation, la rareté du travail et des capitaux, la misère générale en un mot, sont devenus tels que les populations allemandes sont bien plus disposées qu'elles ne l'étaient il y a encore un an, à maudire la guerre, la victoire, les milliards et leurs conséquences. C'est là certainement un élément d'une situation pacifique; à moins que la gêne économique n'arrive à ce point qu'il paraisse impossible d'y remédier autrement que par une diversion énergique au dehors. Et dans ce cas, tout pacifiques, tout philosophes et désabusés qu'ils sont, les Allemands pourraient bien vite en venir à ne suivre que l'instinct jeune et aventureux de leur race, les impulsions de leur forte éducation patriotique; d'autant mieux que le plus grand nombre

verrait dans la guerre une salutaire diversion aux
soucis quotidiens du foyer domestique.

Mais ce sont surtout les changements politiques sur-
venus en France qui paraissent importants et de nature
à pacifier la situation : à la condition qu'au printemps
passé l'Allemagne ait été sincère dans les appréhen-
sions que ses journaux ont affichées, pour justifier la politique belliqueuse dont ils se faisaient les interprètes. Ne
parlons pas du vote de la loi sur la liberté de l'ensei-
gnement supérieur. Les Allemands pensent que cette
loi profitera surtout aux ultramontains, qui disposent
d'associations, des chaires, des legs, du confession-
nal, etc. Cette loi est, à leurs yeux, une nouvelle bar-
rière destinée à empêcher un rapprochement intellec-
tuel, et, par suite, la réconciliation politique des deux
pays. Mais les lois ne sont nulle part éternelles; et en
France, particulièrement, on sait qu'elles donnent les
fruits qu'il plaît à un gouvernement de leur faire por-
ter. Le fait capital, qui domine une loi dangereuse,
c'est l'affermissement de la République résultant
du choix des 75 sénateurs inamovibles.

Le vote du 25 février qui constitua la République,
avait produit en Allemagne l'effet d'une machine de
guerre. L'alliance des orléanistes et des républicains,
du duc d'Aumale et de Gambetta, comme on disait
à Berlin, ne pouvait être que le résultat d'une trève
patriotique conclue contre l'ennemi commun d'outre-
Rhin. Ce prétexte, aujourd'hui, est supprimé. Les
orléanistes sont sortis de la prétendue forteresse mys-
térieuse. Les républicains, c'est-à-dire les Français

libres d'attaches dynastiques, ont des chances de former la majorité dans les deux chambres à élire. Ce mot, « libres d'attaches dynastiques, » a un sens large ; il signifie non-clérical, sinon anti-clérical; attendu que l'influence exercée par le clergé en France ne s'explique que par les services électoraux qu'il rend aux partis monarchiques. Or, l'ambition monarchique et le stimulant artificiel du cléricalisme écartés de l'arène politique, que reste-t-il en France pour motiver la continuation des défiances ou des craintes de l'Allemagne? Qui a intérêt encore à parler inconsidérément de la revanche ?

L'Allemagne sait très bien que la France républicaine n'est plus, comme autrefois, une menace révolutionnaire. Révolutionnaire, et en quoi? Il faut quinze ans de réformes sages, pour que la France s'élève seulement au niveau de justice et de liberté pratiques dont jouit actuellement l'Allemagne. S'il peut être question d'action révolutionnaire aujourd'hui, c'est l'Allemagne plutôt qui en exercerait une sur nous.

Quant à défendre la France républicaine du reproche de vouloir tôt ou tard faire la guerre, c'est superflu. Une démocratie tend trop naturellement à satisfaire de préférence — ce n'est pas là toujours son plus beau côté — les intérêts particuliers et éphémères; et ce n'est qu'au prix d'une saine et longue éducation, qu'elle peut élever ses membres à l'intelligence qui inspire le dévouement pour les intérêts généraux. Cette éducation est à faire en France. C'est elle seule aussi qui peut produire la force de l'armée : toute discipline militaire, discipline passive ou active, n'étant qu'en proportion de la somme d'idées d'abnégation communes à tous les citoyens. Ces vérités et leurs conséquences sont désormais acceptées chez nous, de tout ce qui est jeune, de tout ce qui pense ; et c'est là, pour très longtemps, dans une France maîtresse de son sort, la sûre garantie d'une politique pacifique.

Au commencement de l'automne, il a paru à Berlin une brochure, intitulée : « APRÈS LA GUERRE » (*Nach dem Kriege*). L'auteur, qui passe pour vivre dans l'entourage du prince de Bismark, et pour avoir même, en cette occurence, exprimé la pensée du chancelier, l'auteur se prononce contre cette sorte de « cannibalisme moral » qui a régné depuis la guerre dans les relations entre le peuple français et la nation allemande. Il tend la main à la France et lui offre, non-seulement de vivre en paix, mais en bonne amitié. On verra dans quelques mois, si ce mouvement était sincère. Il dépend toujours de l'Allemagne de donner la paix à l'Europe occidentale, quoi qu'il arrive en Orient. Son intérêt véritable lui conseille de se tenir à ce rôle ; et ce n'est pas à nous de lui rappeler que le rôle contraire n'est pas toujours heureux.

Paris, le 6 janvier 1876.

Paris. — Charles SCHILLER, imprimeur breveté, 10, Faubourg-Montmartre.